RECUEIL

DE

POÉSIES

Prix : **1** Franc

LYON

IMPRIMERIE JEVAIN ET BOURGEON

RUE MERCIÈRE, 92

—

1872

RECUEIL DE POÉSIES

C.

RECUEIL
DE
POÉSIES

LYON

IMPRIMERIE JEVAIN ET BOURGEON

RUE MERCIÈRE, 92

—

1872

LE BEAU

Le Beau, c'est l'infini ! ces mondes innombrables
Qui se meuvent sans cesse et gravitent toujours ;
C'est cet ordre parfait régnant dans leur parcours,
C'est la création et ses lois immuables.

C'est ce frémissement aux mille bruits divers
Que produit le réveil dans toute la nature ;
Où tout ce qui s'émeut, semble par ce murmure
Adresser son hommage au Dieu de l'Univers.

C'est lorsque le soleil de l'orient s'avance
Lançant ses flèches d'or du haut de l'horizon ;
Quand l'agneau dans les prés broute le vert gazon,
De la cime des monts quand le chamois s'élance.

C'est le gazouillement que fait le tendre oiseau
Dans le bocage en fleurs ; c'est l'onde vive et pure
Du ruisseau qui serpente à travers la verdure,
Le nid qui se suspend au fragile arbrisseau.

Le Beau, c'est la forêt, la solitude immense,
C'est l'oasis qu'on voit à travers les déserts ;
Le vol audacieux de l'aigle dans les airs,
Le lion qui rugit au milieu du silence.

Le diamant que forme un rayon de soleil
Vacillant sur le bord de la feuille humectée ;
C'est le lis qui fleurit là-bas dans la vallée,
Le chant de la fauvette annonçant le réveil.

C'est quand l'astre du jour quitte notre hémisphère,
Et dont les feux mourants qu'on aperçoit encor
Sur l'océan d'azur tracent des sillons d'or ;
C'est quand l'ombre du soir enveloppe la terre.

C'est l'humble toit de chaume où dort le laboureur ;
C'est quand le rossignol dans le sombre feuillage
Vient charmer le bosquet de son joyeux ramage ;
C'est l'enfant prosterné qui prie avec ferveur.

Le Beau, c'est un éclair annonçant la tempête ;
C'est la foudre tombant sur le chêne orgueilleux ;
Le vaisseau balancé sur des flots furieux ;
C'est la plainte du vent et l'écho qui répète.

La lune se mirant, coquette, au fond de l'eau,
Et quand de diamants les cieux font leur parure,
C'est quand tout ici-bas se tait dans la nature,
Lorsque dans l'air gémit la cloche du hameau.

C'est quand les éléments apaisant leur colère,
Le brillant arc-en-ciel se montre dans les cieux ;
C'est le juste mourant qui devient radieux
Quand son âme s'envole à la céleste sphère.

Le Beau, c'est une mère au berceau de l'enfant,
Qui dans ses traits contemple et chérit son image,
Quand par ses doux baisers couvrant son beau visage,
Elle le presse alors sur son sein palpitant.

Le Beau, c'est l'artisan qui gagne à la famille
A la sueur du front le pain de chaque jour ;
Ce sont ces cris joyeux accueillant son retour ;
C'est le repas du soir près du feu qui pétille.

Le Beau, c'est quand la vierge, auprès du saint autel,
Offre à Dieu, son époux, son cœur et sa prière ;
C'est quand l'hymne sacré, partant du sanctuaire,
Résonne dans les airs et va vers l'Éternel.

Près de l'infortuné qu'éprouve la souffrance,
C'est l'ami généreux ému de sa douleur
Qui cherche à ramener le calme dans son cœur,
Et fait luire en son âme un rayon d'espérance.

Février 1871.

LA RÊVEUSE

Jeune fille, pourquoi cette tête inclinée
      De même qu'une fleur
Que la brise du soir sur sa tige a courbée ?
      Pourquoi ce front rêveur ?...

Un sourire charmant sur ta bouche jolie
      Soudain s'épanouit.
Oh ! quelle illusion berce ta rêverie ?
      Quel charme te séduit ?

Tes beaux yeux ont-ils vu, jeune et belle innocente
      Au maintien gracieux,
De ton ange gardien, la face rayonnante
      Qui te sourit des yeux ?

Ou bien est-ce une voix douce et mystérieuse
Qui vient te captiver?
Que peut-elle te dire, ô ma chaste rêveuse!
Pour ainsi te charmer?

Dans ton cœur virginal où fleurit l'innocence,
L'amour, ce doux tyran,
Viendrait-il tout à coup exercer sa puissance
Ainsi qu'un conquérant?

Ah! si l'amour, enfant, vient subjuguer ton âme
Et troubler sa candeur,
Garde ta pureté, de cette vive flamme
Qui brûlerait ton cœur.....

Alors, pensant au ciel, ma charmante ingénue,
Ton rêve sera pur;
Et les anges viendront te porter toute émue
Sur leurs ailes d'azur.

Mai 1871.

ELLE

Quand les voiles du soir enveloppent la terre,
Et qu'ici-bas tout n'est que silence et mystère,
Quand la lune répand sa blafarde clarté
    De son disque argenté,
Que du parfum des fleurs la brise est embaumée,
    De toi ma bien-aimée
J'aime rêver alors seul et silencieux.
    En contemplant les cieux.

Est-ce une illusion de mon âme ravie
Qui vient bercer ainsi ma douce rêverie?
Est-ce une erreur des sens?... Tout semble autour de moi
    M'entretenir de toi :
Le rossignol me parle, en son joyeux ramage,
    De ton charmant visage;
J'entends aussi l'écho répétant dans les bois
    Le doux son de ta voix.

Et le zéphir léger caressant le feuillage
Me murmure tout bas un suave langage,
Qui captive mes sens et mon esprit rêveur
    D'un charme séducteur ;
Et tout à coup je vois vers ton lit blanc et rose,
    Où ton beau corps repose,
A ton chevet assis un ange au front vermeil
    Protégeant ton sommeil.

Puis je crois à travers l'ombre mystérieuse
Voir une vision légère et vaporeuse,
Qui bientôt près de moi, s'approchant doucement,
    Me sourit tendrement.
Saisi d'un doux effroi !... Mon cœur t'a reconnue,
    Toi, ma belle ingénue,
Mais rêve !... Vision !... Soudain tout s'est enfui,
    Lorsque l'aurore a lui.

Juin 1871.

LE SOMMEIL DE L'ENFANT

Non loin des bords fleuris d'un limpide ruisseau,
Qui, murmurant tout bas, coule son onde pure,
Un jeune et bel enfant, comme dans son berceau,
Repose doucement, couché dans la verdure.

Son visage charmant au galbe gracieux,
De son cœur virginal reflète l'innocence
Et l'on dirait qu'un ange est descendu des Cieux
Pour venir un instant nous montrer sa présence.

Oh! n'allez pas troubler son paisible sommeil!
De ton souffle léger, brise folle, qui passe,
Caresse doucement son visage vermeil
Et que son âme en paix aille errer dans l'espace.

Oui, fuis rapidement de ce séjour impur,
Où tout n'est que douleurs, déceptions amères.
Pourquoi quitterais-tu ton beau palais d'azur
Et viendrais parmi nous partager nos misères.

Reste, reste toujours, car ici le bonheur
N'est qu'une fiction trompant notre faiblesse,
Un rêve séduisant qui berce notre erreur,
Où joie, amour, plaisir se changent en tristesse.

Ici ton front si pur apprendrait à rougir
En venant prendre place au banquet de la vie,
Comme la tendre fleur qu'un vent froid vient flétrir,
Il se verrait ternir par l'odieuse orgie.

Mais reste, reste loin du séjour des mortels,
Ta demeure est à toi, l'espace et non la terre
Pour ton amour, enfant, il faut d'autres autels,
Car tu ne peux aimer ce qui n'est qu'éphémère.

Dans ta céleste cour, bel ange aux blonds cheveux,
Où le bonheur est pur et la joie éternelle,
Rien ne viendra voiler l'azur de tes beaux yeux.
Ni troubler la candeur de ton âme immortelle.

Août 1871.

BERTHE

Aimant souvent aller à travers la prairie
Contempler la nature au moment du réveil
Et voir la fleur des champs, dès l'aube épanouie,
Entr'ouvrir son calice aux rayons du soleil,
Un jour, j'avais quitté mon paisible village
Bien avant le lever de l'astre radieux,
Et, ravi, j'écoutais tous les bruits du feuillage
S'élevant dans les airs en sons mystérieux.
Le zéphir murmurait tout bas sous la feuillée
Qui s'agitait parfois d'un doux frémissement ;
Dans le bocage en fleurs la fauvette éveillée
Présidait au réveil par son gazouillement.
L'astre roi commençait sa brûlante carrière,
Semant ses rayons d'or du haut du firmament ;

La goutte de rosée, à leur vive lumière,
Sur le bord de la fleur formait un diamant.
Le printemps souriait à toute la nature,
Lui prodiguant ses dons, ses parfums les plus doux,
Comme un amant se plaît à couvrir de parure
Celle que son cœur aime et dont il est jaloux.
Le ciel était d'azur, la brise parfumée.
Tout ému j'admirais ce spectacle si beau,
Qui, captivant mes sens, séduisait ma pensée,
Lorsque Berthe passa revenant du hameau.
Elle allait lentement et la tête penchée,
Ses longs et noirs cheveux flottant au gré du vent,
Et de son pied mignon foulant l'herbe humectée,
S'arrêtant quelquefois, mais toujours en rêvant.
Oh ! quelle émotion s'empara de mon âme
Lorsque ses beaux yeux noirs se fixèrent sur moi.
Son regard calme et pur fit jaillir une flamme
Qui pénétra mon cœur et le remplit d'effroi.
Pour la première fois, je me trouvai près d'elle,
Et je pus un instant contempler ses beaux traits.
Oh ! qu'à mon cœur ému, Berthe, tu parus belle !
Qu'il découvrit, en toi, de charmes et d'attraits !
D'un teint frais et vermeil sa charmante figure
Reflétait la candeur de son cœur innocent ;
Comme la fleur des champs, elle était simple et pure,
Belle sans aucun fard, sans aucun ornement.

. . . .

. . . .

Elle marcha longtemps encor dans la prairie,
Dans la même attitude et la même lenteur.
Berthe ! quelle était donc ta douce rêverie ?
Oh ! quel charme puissant séduisait-il mon cœur ?
Mais elle vint trop tôt dérober à ma vue
Et sa taille mignonne et ses traits gracieux ;
Et lorsque de ces lieux elle fut disparue,
Retournant au hameau, je devins soucieux.

. . . .

Le lendemain, à l'heure où la nature entière
Est encore dans le calme et dans l'obscurité,
Je m'éloignais déjà de ma pauvre chaumière
N'ayant eu cette nuit qu'un sommeil agité.
D'une vague terreur mon âme fut saisie
Lorsque je m'approchai de ces lieux si charmants
Où Berthe hier encor, pensive et recueillie,
Près de moi s'arrêta pendant quelques instants ;
Éprouvant le désir de la revoir encore,
Je caressais tout bas ma douce illusion,
Et lorsque à l'orient parut la pâle aurore,
Je ne pus maîtriser mon trop d'émotion,
Et du regard scrutant l'ombre mystérieuse,
Il me sembla soudain, vers le sombre horizon,
Voir s'approcher un corps de forme gracieuse

Qui marchait à pas lents sur l'humide gazon.

Berthe ! déjà mon cœur t'avait bien reconnue ;

C'est toi que je voyais près de moi s'avancer.

Mais quel attrait puissant, ô ma belle ingénue,

Pouvait, à cet instant, dans ces lieux t'attirer ?

Saisi d'un doux transport, aussitôt je m'avance

Et me trouve bientôt sur le même chemin ;

Mais avant qu'elle ait pu remarquer ma présence

Tremblant d'émotion, je lui saisis la main.

Berthe, lui dis-je alors, pardonne à mon délire,

Je n'ai pu résister au désir de mon cœur ;

C'est pour toi maintenant qu'il souffre et qu'il soupire ;

Il a besoin d'aimer et veut croire au bonheur.

. . . .

Berthe baissa la tête, et son charmant visage

D'une vive rougeur à l'instant se couvrit ;

Son sein tout palpitant souleva son corsage,

Et, lui pressant la main, tout son corps tressaillit.

Qu'elle était belle ainsi toute émue et tremblante,

Ses cheveux ondulant au souffle matinal !

Combien cet abandon la rendait attrayante !

Que j'aimais voir l'effroi de son cœur virginal !

Et dans l'enivrement de cette joie extrême

Que j'éprouvais, voyant son trouble et son émoi.

Tombant à ses genoux, je m'écriai..... je t'aime !

Ma pensée et mon cœur dès ce jour sont à toi.

Ange qui m'a séduit, Berthe ! ma douce amie,
Mon cœur impatient brûle d'un vif désir :
Oh ! qu'un aveu sortant de ta bouche jolie
Me dise si je dois espérer ou..... souffrir !
. . . .

Berthe pressa ma main et garda le silence :
Mais à ce doux contact, à son émotion,
De cet aveu muet je compris l'éloquence,
Car nos cœurs partageaient la même affection.
. . . .

Tout dans ces lieux charmants respirait l'allégresse ;
De suaves parfums s'exhalaient dans les airs.
Et les oiseaux semblaient, partageant notre ivresse,
Chanter notre bonheur dans leurs joyeux concerts.
. . . .

Depuis l'heureux instant où Berthe toute émue,
De son cœur fit l'aveu si touchant et si doux,
Comme pour consacrer cette douce entrevue,
Le même lieu fut pris pour notre rendez-vous.
Et de là nous allions parcourir la vallée,
Nous tenant par la main, marchant silencieux,
Le cœur remplit de joie et l'âme émerveillée
Du spectacle imposant qui s'offrait à mes yeux.
Nous errions bien longtemps dans la même attitude,
Nous arrêtant parfois pour cueillir une fleur ;
Nous aimions tous les deux l'ombre et la solitude,

Car le calme plaisait à notre esprit rêveur.
Qu'il était doux d'errer dans cette insouciance
Qui fait croire au bonheur avec sincérité,
Où de l'illusion, subissant l'influence,
La fiction devient pure réalité.
Et nous berçant alors de la même chimère,
Nous croyions tous les deux, rêve par trop menteur,
Que rien n'est ici-bas, pour le cœur, éphémère,
Que tout doit s'y montrer sous un prisme enchanteur.
Puis, voulant mettre un terme à notre rêverie,
Par un doux entretien bientôt nous commencions.
Que nous trouvions de charme à cette causerie,
Et que de beaux projets tous les deux nous formions !
. . . .
C'est sous l'impression d'une joie aussi pure,
Dont le charme puissant nous enivrait tous deux,
Que nous allions souvent, à travers la verdure,
Assister au réveil. Ravis et tout joyeux,
Nous aimions écouter, au milieu du bocage,
Le doux gazouillement du jeune et tendre oiseau,
Et nous aimions, assis sous le sombre feuillage,
A suivre le courant du limpide ruisseau.
Nous allions parcourir la plaine accidentée,
Voir, en autre Titan, l'orgueilleux peuplier,
Et nous aimions aussi de la roche escarpée
A gravir lentement le rapide sentier.

Nous aimions quand des champs partaient les moissonneuses
Après avoir cueilli l'abondante moisson,
Laissant les épis d'or sur leurs boucles soyeuses,
En silence écouter leur naïve chanson.
Dans l'église, tous deux, quand c'était le dimanche,
Nous aimions écouter la voix du bon pasteur,
Et Berthe, ce jour-là, mettait sa robe blanche,
Et longtemps à genoux priait avec ferveur.
Puis, lorsque nous sortions, après, du sanctuaire,
Fuyant loin du hameau d'un pas mystérieux,
Nous prenions aussitôt un sentier solitaire,
Et nous allions rêver au bois silencieux.
Là nous aimions tous deux, assis sous un ombrage,
Écouter tous ces bruits confus aux mille voix,
Soupirs mystérieux qui, sortant du feuillage,
Vont s'éteindre bientôt dans l'épaisseur du bois.
Nous écoutions aussi, venant de la vallée,
Cette vague rumeur qui s'élevait soudain,
Quand l'écho répétait tout bas dans la feuillée
Les sons doux et plaintifs de quelque chant lointain.
Oh ! que nous disions alors de douces choses,
Sous ces arbres profonds où s'affaiblit le jour,
Où le zéphir venant de caresser les roses,
Semble parler de Dieu, d'harmonie et d'amour !
Où le vent qui soufflait dans le feuillage sombre
Nous jetait en passant des sons harmonieux,

Et semblait nous parler du mystère de l'ombre,
De l'amour chaste et pur et de l'azur des cieux !

. . . .
. . . .

Oh ! purs épanchements de deux âmes unies,
Que de félicités ne nous donniez-vous pas !
Douces émotions, charmantes causeries,
Mystérieuses voix qui nous parliez tout bas.

. . . .
. . . .

Mais le jour faiblissait et de notre hémisphère
L'astre du jour fuyant lançait ses derniers feux,
Et l'ombre de la nuit, envahissant la terre,
Nous surprenait encor ensemble aux mêmes lieux.
Quand tout n'était alors qu'obscurité profonde,
Quand la lune montrait sa blafarde clarté,
Nous aimions écouter le murmure de l'onde
Et le frémissement du feuillage agité.
Puis, nous prêtions encore une oreille attentive
A la chanson du soir que la brise apportait,
Et lorsque dans les airs, comme une voix plaintive,
La cloche du hameau doucement s'élevait ;
Quand le calme profond faisait place au murmure,
Et que tout se taisait dans l'herbe et dans les cieux,
Nous aimions écouter dans la sombre ramure.
Du joyeux rossignol le chant mélodieux.

. . . .

. . . .

Heureux instants passés dans l'ombre et le silence ;
Promenades à deux, sous les arbres touffus ;
Beaux projets d'avenir et rêves d'espérance,
Douces illusions, hélas !..... Vous n'êtes plus !.....

. . . .

Amour, joie et bonheur, comme l'ombre qui passe,
Comme un rêve charmant disparu pour jamais,
Comme une vision qui tout à coup s'efface,
Vous vous êtes enfuis, bien loin, vous que j'aimais !.....

Avril 1872.

ÉLISE

Elle est belle, elle est douce, elle est aimable et bonne ;
J'aime a voir ses beaux yeux aussi bleus que l'azur,
Voir ses longs cheveux noirs qui, mieux qu'une couronne,
Parent élégamment son front candide et pur.

Lorsqu'elle me sourit, mon âme est toute émue,
Le doux son de sa voix fait palpiter mon cœur ;
Quand je ne l'entends plus et qu'elle est disparue,
La tristesse me gagne et je deviens rêveur.

Ange qui chaque nuit viens embellir mon rêve,
Qui berces mon esprit d'un charme séduisant,
Que ne puis-je encor voir, quand l'aurore se lève,
Se pencher sur mon front ton visage charmant !

Oh! reste près de moi, ma douce et tendre amie...
Mais pourquoi fuirais-tu? reste, reste toujours ;
Donne un rayon d'espoir à mon âme attendrie,
Ange qui m'a séduit, toi, mes seules amours.

O toi, que j'aime tant ! toi, ma seule pensée !
Dont le regard me rend tremblant d'émotion,
Élise, près de moi, reste, ma bien-aimée,
Laisse-moi conserver ma douce illusion.

Ensemble nous irons goûter la rêverie,
Au moment où l'aurore arrose de ses pleurs
Le jaune épi des champs, l'herbe de la prairie,
Et forme le parfum du calice des fleurs.

Oh! nous écouterons la brise qui murmure ;
L'un près de l'autre assis sous les grands arbres verts,
Nous entendrons aussi, dans la sombre ramure,
Des oiseaux s'éveillant les sublimes concerts.

Et le zéphir léger, traversant le feuillage,
Nous parlera des fleurs qu'il vient de caresser ;
Le rossignol viendra, dans son joyeux ramage,
Nous parler de la nuit, du bonheur de s'aimer.

Et quand l'ombre du soir aura couvert la terre,
Quand tout, autour de nous, sera silencieux,
Dans ce calme profond, où tout n'est que mystère,
Nous rêverons encore en contemplant les cieux.

Juin 1872.

UNE DÉCEPTION

Ah! laissez-moi pleurer, car mon âme souffrante
A besoin d'exhaler sa profonde douleur.
Ah! laissez-moi pleurer sur la femme inconstante,
Dont l'abandon cruel vient affliger mon cœur.

Laissez-moi croire encor que cette femme aimée,
Pour qui je souffre tant, de moi se souviendra.
Ce sera pour mon cœur la goutte de rosée,
Un rayon de bonheur qui le consolera.

Qu'un jour mon souvenir dans quelque sombre orgie,
Évoquant le passé, la fera tressaillir.
Qu'elle se souviendra dans son âme attendrie
De cet amour si pur qui la fera rougir.

Qu'un jour je la verrai, par l'ivresse épuisée
Et pour ce même amour qu'elle sut partager
Venir me demander, soumise et résignée,
Ce pardon que je veux encore lui donner.

Oh! je t'aimais pourtant, mon Élise chérie,
D'un amour bien profond, et dont le souvenir
Vient bercer quelquefois ma douce rêverie
Et soulager ce cœur que tu fais tant souffrir.

Mais pourquoi me quitter? pourquoi l'indifférence
A succédé si vite à ton affection?
Pourquoi briser ainsi mes rêves d'espérance
Et détruire à jamais ma douce illusion.

Oh! mais reviens encor, je t'en conjure, Élise,
Je ne pourrais longtemps vivre ainsi loin de toi.
Rappelle-toi qu'un jour ta foi me fut promise.
Élise, par pitié, reviens auprès de moi.

Mais si ton cœur, Élise, est sourd à ma prière,
Hélas! s'il ne peut être ému par tant d'amour,
Pense au moins quelquefois à la pauvre chaumière
Où vit celui qui pleure attendant ton retour.

Et si quelques remords au milieu d'une fête
Venaient faire pâlir ton visage charmant,
Si ton âme entendait comme une voix secrète
Te parlant de celui qui t'aimait tendrement,

Élise, accours alors, surmonte ta faiblesse
Et reviens vers celui qui veut encor t'aimer ;
Il te prodiguera cette même tendresse
Que pour ton repentir il a su conserver.

Juillet 1872.

Eugène COSTE.

Imp. JEVAIN & BOURGEON, rue Mercière, 92, Lyon.

www.ingramcontent.com/pod-product-compliance
Lightning Source LLC
Chambersburg PA
CBHW060526050426
42451CB00009B/1188